PROTESTATION

ADRESSÉE A

LA CHAMBRE DE COMMERCE

PAR LE COMITÉ

DES FABRICANTS DE VINAIGRE DE VIN

& Marchands de Vins en gros

CONSTITUÉ A ORLÉANS,

CONTRE LA

RÉGLEMENTATION

DES CONTRIBUTIONS INDIRECTES

DU 20 JUIN 1873.

ORLÉANS,

IMPRIMERIE DE PUGET ET Cⁱᵉ, RUE VIEILLE-POTERIE, 9,

1873.

EXTRAIT D'UNE CIRCULAIRE

de l'Administration des Contributions indirectes, n° 2,989,

CONCERNANT]

LES FABRICANTS DE VINAIGRE DE VIN.

Paris, *20 juin 1873.*

L'exemption de l'impôt qui est accordée pour les vins convertis en vinaigre repose, non sur une disposition législative, mais sur une concession purement administrative. La Régie a donc le droit et le devoir de la subordonner aux garanties reconnues indispensables pour prévenir les abus.

Aux termes de la circulaire n° 53, du 19 juin 1872, les vinaigriers qui se livrent au commerce des vins, sont tenus de placer dans des magasins distincts et séparés de la vinaigrerie, les vins destinés à être vendus en nature. Cette obligation devra être rigoureusement imposée à l'égard de tous les établissements qui seront formés à l'avenir.

Quant aux établissements actuels, les réclamations qui se sont produites et les informations recueillies par le service ont fait reconnaître qu'il est juste et nécessaire d'établir une distinction.

Sur tous les points où l'agencement des locaux comporte une séparation complète entre les magasins de gros et la vinaigrerie, cette séparation devra être effectuée dans un bref délai.

Lorsqu'il sera démontré, au contraire, que la suppression de toute communication intérieure entre la vinaigrerie et les magasins de gros est impraticable, ou ne saurait être réalisée sans entraîner de fortes dépenses, on se bornera à exiger que les vins soumis à l'acétification et les vinaigres achevés, soient placés dans des locaux autres que les magasins et celliers renfermant les vins en nature.

Comme par le passé, les vins seront portés en décharge, à mesure qu'ils auront été mis en œuvre pour la fabrication du vinaigre.

Dans les simples vinaigreries et dans les vinaigreries complétement séparées des magasins de gros, les vins, quelle que soit leur force alcoolique, devront recevoir, en présence des employés, une addition d'au moins 10 % de vinaigre titrant à l'Acétimètre Salleron 7° au minimum.

A l'égard des vinaigriers qui exercent le commerce de gros dans les dépendances de la vinaigrerie, il a semblé indispensable de proportionner le dosage en vinaigre, eu égard à la force alcoolique des vins. Voici les quantités *minima* que l'Administration croit devoir fixer :

Vins dont la force alcoolique ne dépasse pas 8 degrés.... } 10 % vinaigre titrant 7 degrés.

Vins dont la force alcoolique est de 9 à 12 degrés........ } 15 %   do

Vins dont la force alcoolique est au-dessus de 12 degrés.. } 20 %   do

Dans les établissements où d'habitude le produit des mélanges de vins et de vinaigre est immédiatement versé sur les vaisseaux-mères, les employés exigeront que cette opération soit faite sous leurs yeux. Dans les autres établissements, ils s'assureront par des visites journalières, ou tout au moins aussi fréquentes que possible, que les vins soumis à une acétification préalable sont bien convertis en vinaigre. Il est d'ailleurs interdit aux vinaigriers de mettre en circulation sur la voie publique des vins qui seraient simplement en voie d'acétification par suite d'une dénaturation préalable.

Les vinaigriers sont tenus de faire à la Recette-buraliste de laquelle relève leur établissement, une déclaration présentant la description de leurs ateliers et magasins, et indiquant le mode de travail, le procédé de fabrication ainsi que la nature, le nombre et la capacité des vaisseaux de toute espèce servant à la fabrication (Registre n° 18). Autant que possible, le service vérifiera par l'épalement métrique les contenances déclarées, et il assignera à chaque vaisseau un numéro d'ordre que les vinaigriers devront y marquer d'une manière apparente.

Toute modification à l'outillage des vinaigreries ou au procédé de fabrication sera l'objet d'une nouvelle déclaration.

A moins d'une autorisation spéciale, qui devrait émaner de l'Administration, les vinaigriers ne devront avoir à leur disposition, dans les dépendances de la vinaigrerie, aucun appareil propre à la distillation.

Les déclarations de vinaigrage doivent être faites assez à l'avance pour que les employés puissent y avoir égard, sans dommage pour aucun des intérêts qu'ils sont appelés à sauvegarder. En conséquence, les chefs de la division administrative détermineront, d'après la situation des établissements et l'organisation du service, le délai qui pourra exister entre la déclaration des fabricants et l'intervention des employés. Toutefois ce délai ne pourra pas excéder 36 heures dans les villes, 72 heures dans les campagnes.

Les chefs de la division administrative détermineront en outre, pour chaque ville ou localité, une Recette-buraliste dans laquelle chaque fabricant devra présenter les déclarations de vinaigrage (Registre nᵒˢ 14 et 20).

Les vinaigriers ne sauraient exiger que les employés intervinssent à heure et jour fixes ; leurs déclarations devront donc énoncer qu'ils désirent opérer un vinaigrage dans l'intervalle du......... au........., intervalle qui devra être d'au moins 36 heures.

Les déclarations spécifieront la quantité de vins qui sera soumise au vinaigrage, la quantité de vinaigre qui sera ajoutée comme dénaturant, et, le cas échéant, les quantités d'autres substances (eau, lies, glucoses) qui entreront dans la fabrication. Elles énonceront de plus, par approximation, la quantité de vinaigre qui sera obtenue. S'il s'agissait de vins alcoolisés, les déclarations de vinaigrage devraient en faire mention et indiquer la richesse alcoolique naturelle et la richesse additionnelle.

Dans les villes où le vinaigre est passible d'une taxe communale, les préposés d'Octroi pourront établir le droit d'après la déclaration ou opérer à l'effectif la prise en charge au compte des entrepositaires (défalcation du vinaigre achevé qui aurait été ajouté au vin).

A mesure qu'ils recevront des déclarations de vinaigrage, les buralistes se hâteront d'en informer le chef local de ce service, soit de vive voix, soit par bulletin n° 6, A. Les employés ont le devoir absolu d'assister à tous les vinaigrages qui doivent entraîner la décharge des vins, c'est-à-dire qu'ils encourraient la sévérité de l'Administration s'ils attestaient, s'ils constataient des vinaigrages qui n'auraient pas été entièrement effectués sous leurs yeux.

Il leur est expressément recommandé de s'assurer par la dégustation et par l'emploi de l'acétimètre, que le vinaigre versé sur le vin présente la force requise, que le mélange du vin et du vinaigre est opéré de manière à produire une masse homogène, et que le tout est jeté dans les cuves ou tonneaux-mères (sauf l'exception énoncée plus haut).

Quand les vinaigriers recevront des vins présentant des symptômes d'acétification, ils ne devront les introduire dans leurs établissements qu'en présence du service, lequel s'empressera de satisfaire aux demandes qui lui seront adressées à ce sujet. Ces vins devront être vinaigrés au moment même de leur introduction.

Si de tels vins étaient présentés lors des recensements, ils ne pourraient être admis au vinaigrage et par conséquent être portés en décharge que sur une autorisation spéciale du chef de division administrative, autorisation qui ne devrait être accordée qu'en des cas exceptionnels et lorsque le service exprimerait la certitude qu'il s'agirait des vins dont l'existence en magasin aurait été constatée antérieurement et qui auraient éprouvé là un commencement d'acétification ou de détérioration.

Si pour la vérification des vins qui, à l'arrivée, présenteraient des symptômes d'acétification, les buralistes étaient, dans certains cas particuliers, appelés à suppléer le service ordinaire, ces agents devraient prélever des échantillons destinés aux employés.

Les vinaigriers exerçant le commerce en gros dans les dépendances de la vinaigrerie pourront, comme les simples vinaigriers, effectuer les opérations de vinaigrage dans leurs magasins ordinaires; mais, ainsi qu'on l'a expliqué déjà, les vins soumis au vinaigrage devront être immédiatement transférés dans des locaux exclusivement affectés au dépôt des vinaigres achevés et des vins en voie d'acétification. Quant aux vinaigriers qui exercent le commerce en gros dans des magasins complétement séparés de la vinaignerie, ils ne pourront pas opérer de dénaturations de vinaigrage dans les magasins de gros. S'il existait là des vins destinés à être convertis en vinaigre, ces vins devraient être dénaturés dans la vinaigrerie même.

Le transport des magasins de gros à la vinaigrerie entraînerait nécessairement la délivranse d'un acquit à-caution, et cet acquit ne serait déchargé que lorsque les employés auraient reconnu que le chargement se compose de vins parfaitement marchands, et quand ensuite (à défaut de prise en charge) le vinaigrage aurait été régulièrement effectué.

Les vinaigriers devront emmagasiner dans des locaux spéciaux les vins qui, avant ou après leur introduction, auront reçu une addition d'alcool avec le crédit de l'impôt, ainsi que les vins qui, en dehors de tout vinage déclaré, seraient reconnus passibles des surtaxes établies par le décret du 17 mars 1852 et la loi du 8 mai 1869.

On ne pourrait pas s'opposer à ce que de tels vins fussent convertis en vinaigre, mais alors les quantités d'alcool imposable, pour lesquelles ils figureraient en compte, ne seraient pas comprises dans la décharge pour cause de vinaigrage, et devraient, au contraire, être soumises aux simples ou aux doubles droits de consommation d'entrée et d'octroi, comme si les vins avaient été localement livrés en nature à la consommation. Il n'y aurait donc pas de décharge s'il s'agissait de vins qui, présentant une force alcoolique supérieure à 21°, seraient inscrits au compte comme alcool pur ; et, dans le cas contraire, s'il s'agissait de vins dont la force ne dépasserait pas 21°, la décharge serait restreinte au volume des vins, abstraction faite de l'alcool imposable.

En vain le vinaigrier proposerait-il de pratiquer des dédoublements ; de telles manipulations ne pourraient motiver l'abandon des taxes exigibles sur l'alcool.

L'Administration attache la plus grande importance à la

stricte exécution des dispositions qui précèdent. A cet effet, de pressantes recommandations devront être adressées à tous les chefs de service ainsi qu'aux Inspecteurs. Les fabricants devront d'ailleurs être avertis qu'en cas d'abus, toute concession, relativement à la remise de l'impôt sur les vins convertis en vinaigre, serait subordonnée à de nouvelles conditions et pourrait même être entièrement retirée.

Le Conseiller d'État, Directeur général,

Signé : PROVENSAL

PROTESTATION

ADRESSÉE A LA

CHAMBRE DE COMMERCE

PAR LE COMITÉ

des Fabricants de Vinaigre de vin et Marchands de
vins en gros constitué à Orléans.

---

*A MM. les Président, Vice-Président et Membres
de la Chambre de Commerce d'Orléans.*

MESSIEURS,

Au mois de juin 1872, une circulaire de l'Administration des contributions indirectes venait jeter l'alarme parmi les fabricants de vinaigre, en même temps marchands de vins en gros, en leur enjoignant de séparer leurs établissements, et en faisant de cette séparation, la condition du maintien de la dénaturation en franchise des vins acidifiés.

Par votre délibération du 22 août 1872, vous avez accueilli la protestation du syndicat des vinaigriers d'Orléans contre cette circulaire.

De toutes les contrées où se produit le vinaigre de vin, à Dijon, à Bordeaux, à Nantes, à Blois, à Gray, dans les Charentes, des protestations individuelles ou émanant d'associations syndicales, ont été formulées et adressées aux chambres de commerce, qui toutes, comme vous, ont déclaré la mesure « non justifiée, « illégale, portant atteinte à la liberté commerciale et « à la propriété, et comme devant entraîner la ruine « de la plupart des établissements. »

On avait dû espérer, en présence de résistances si unanimes, que la Régie, revenant à la légalité, abandonnerait ses prétentions et qu'elle chercherait les garanties qu'elle disait lui être nécessaires, dans le mode de dénaturation des vins lui-même, comme l'avait indiqué le syndicat d'Orléans.

Mais quelle fut notre surprise lorsqu'apparut, le 20 juin 1873, une circulaire nouvelle que nous joignons aux présentes, qui sans tenir aucun compte des protestations déjà produites, réclame non-seulement l'application en principe de la première circulaire, mais encore énumère une série nouvelle de prétentions contre lesquelles nous venons protester devant vous.

§ 1er.

La circulaire de 1873 reprend la première prétention de la Régie, que la franchise de la dénaturation n'est qu'une tolérance, et qu'elle a le droit et le devoir de la subordonner à certaines garanties pour prévenir les abus.

Entrant dans l'énumération de ces garanties, elle reproduit celle qu'avait voulu constituer la circulaire de 1872, la séparation des établissements de marchands de vins en gros des vinaigreries.

« La séparation sera rigoureusement imposée à
« l'égard des établissements qui seront formés à
« l'avenir. »

Quant aux établissements actuels, on fait une distinction.

Pour ceux, où l'Administration jugera cette séparation possible, « elle sera effectuée dans un bref délai. »
Mais là où la séparation sera jugée impraticable, « on
« se bornera à exiger que les vins soumis à l'acétifica-
« tion et les vinaigres achevés, soient placés dans
« des locaux autres que les magasins et les celliers
« renfermant les vins en nature. »

En ce qui concerne la franchise de la dénaturation
et la séparation des établissements, nous ferons obser-
ver que toutes les raisons par lesquelles vous avez
contesté la circulaire de 1872, subsistent avec toute
leur puissance.

En conséquence, comme vous l'avez établi dans votre
délibération du 22 août 1872 :

« L'Administration commettrait un excès de pou-
« voir en exécutant la mesure de la séparation..... »

« Et alors même que la franchise des vins conver-
« tis en vinaigre ne serait qu'une concession révoca-
« ble, le retrait de cette concession rendrait les vins
« passibles de l'impôt, mais ne créerait nullement
« pour la Régie le droit d'interdire le commerce dans
« l'enceinte de la vinaigrerie. Ce droit n'appartient
« qu'au législateur. »

Puisque l'Administration persiste à présenter la dénaturation en franchise comme une tolérance de
sa part, et que c'est la base de sa prétention pour
demander la séparation, nous appuierons notre

protestation par la consultation ci-jointe de Mes Desplanches et Imbault, conseils judiciaires du Syndicat d'Orléans.

L'Administration a atténué, il est vrai, dans la circulaire de 1873, la rigueur de sa première prétention en l'appliquant seulement aux établissements où elle jugerait la séparation possible, et aux nouveaux établissements; nous ne l'acceptons pas même réduite à ces proportions.

Il n'y a pas de raisons pour entraver l'industrie du fabricant de vinaigre de vin dans son développement. Cette industrie a, au contraire, besoin de toute sa liberté d'action pour lutter contre les vinaigres d'industrie qui usurpent le nom de ses produits.

Vous avez établi, par l'historique de la fabrication orléanaise, que l'élément de prospérité résidait surtout dans la réunion des deux commerces de vin et de vinaigre dans les mêmes mains. Porter entrave à la création de nouveaux établissements, de même qu'à l'agrandissement de ceux existants, c'est empêcher l'essor de la production et par suite de la consommation des vinaigres de vin.

Nous repoussons donc, de la manière la plus absolue, la séparation réduite aux prescriptions de la circulaire de 1873.

Nous sentons, cependant, qu'une modification doit être apportée à l'état de choses actuel, pour faciliter le service. Nous n'irons pas aussi loin que l'Administration qui voudrait exiger : « que les vins soumis à l'acé-
« tification et les vinaigres achevés soient placés dans

« des locaux autres que les magasins et celliers renfer-
« mant les vins en nature. »

Cette mesure, si elle était prise à la lettre, équivau-
drait à une séparation, car dans tous les cas où il
n'existerait pas de locaux séparés dans le même établissement, il faudrait établir au moins des séparations
intérieures, qui ne seraient pas toujours réalisables, et
surtout seraient fort gênantes.

Nous proposerons de forcer les commerçants à des
rangements, des classements avec marques visibles
apposées sur les fûts ou cuves, et indiquant les vins
dénaturés et les vinaigres faits.

De cette manière, les inventaires et recensements se
feront promptement, avec ordre, et la vérification des
indications sera très-facile.

§ II.

La nouvelle circulaire de 1873 étend le cercle
des garanties que la Régie avait réclamées en 1872, et
nous allons passer en revue les nouvelles exigences de
la Régie, qui, il faut le dire, n'ont pas même pour
excuses des faits nouveaux qui les justifient.

La première des garanties nouvelles consisterait
dans le mode lui-même de dénaturation.

Notons-le en passant, sauf à en tirer argument plus
tard, l'Administration entre ainsi dans un système que
nous avons déjà proposé, et qui doit, suivant nous, garantir complétement contre toute fraude imaginable ;
mais on en exagère l'usage, comme nous allons le démontrer.

La circulaire conserve, pour les vinaigriers simples

ou les vinaigriers complétement séparés des magasins de vins en gros, la dénaturation qui a toujours été pratiquée.

Elle déclare que, dans ces établissements, le versement de 10 litres de vinaigre à 7 degrés de l'acétimètre Salleron sur 100 litres de vins, quelle que soit leur force alcoolique, produira une dénaturation complète, suffisante ; et par là, il faut entendre que le vin ne pourra jamais revenir à la consommation de bouche.

Mais, lorsque la dénaturation se fera chez un vinaigrier, en même temps marchand de vins en gros, cette dénaturation ne sera plus suffisante ; la quantité de vinaigre devra être proportionnée à la richesse alcoolique du vin, savoir :

10 % de vinaigre pour les vins ne dépassant pas 8 degrés ;
15 %　　　do　　　　do　　　　　　　　　9 à 12 degrés ;
20 %　　　do　　　　do　　　　　　　au-dessus de 15 degrés.

Nous nous demandons pourquoi cette différence ?

De deux choses l'une, ou la dénaturation est suffisante chez les premiers fabricants, ou elle ne l'est pas.

Si elle l'est, c'est-à-dire si le vin n'est plus potable et ne peut plus être rendu potable, ce résultat est absolu et vrai dans toutes les conditions, même chez le marchand de vins en gros.

Nous repousserons donc les distinctions qu'on veut établir, parce que la règle doit être la même pour tous.

Et ce n'est pas seulement pour donner satisfaction à un principe d'équité que nous résistons ; il y a là un intérêt industriel qu'il importe de bien faire ressortir.

La dénaturation du vin par une addition de vinaigre est une dépense pour le fabricant, puisqu'il est obligé de remettre en fabrication le vinaigre qui sert à opérer la dénaturation. Ce vinaigre subit à nouveau toutes les pertes de fabrication qui s'estiment à 15 ou 17 0/0 de liquide.

Dans le système de la régie que nous combattons, le fabricant qui emploiera des vins plus riches en alcool, soit parce qu'il les mélangera avec des vins moins riches, soit parce qu'il voudra produire un vinaigre plus riche en principes acétiques, sera grevé de frais de dénaturation plus considérables que celui qui, peu soucieux de ses produits, se bornera à fabriquer avec des vins faibles en alcool. En un mot, cette dénaturation de luxe, car nous démontrerons qu'elle est superflue, aurait pour inconvénient immense d'arrêter une amélioration industrielle nécessaire, la création de produits très-riches en principes acétiques, conséquence de l'emploi de vins très alcooliques.

Et quand nous avançons que c'est une amélioration industrielle nécessaire, nous le disons avec intention, parce que ce perfectionnement est dans les besoins de l'industrie du vinaigre de vins.

En effet, ce dernier produit qui porte ordinairement de 7 à 9 degrés acétiques, se trouve aujourd'hui en concurrence avec des vinaigres dits *d'alcools*, ou d'acide pyroligneux, qui portent 12 à 13 degrés acétiques, et sont frappés dans la plupart des villes des mêmes droits que les vinaigres de vin. En raison de cette richesse supérieure, certain commerce notamment dans Paris, recherche ces vinaigres forts, afin de gagner des droits par un dédoublement (1). Il importe donc, tant que les droits d'octroi ne seront pas proportionnés à la richesse acétique, que les vinaigres de vin, pour continuer à être recherchés, puissent être portés à un degré acétique plus élevé, sans frais de dénaturation plus considérables.

Nous nous résumerons en disant que la Régie a fait elle-même sa Loi, en déterminant que la dénaturation est suffisante chez certains fabricants par un versement de 10 0/0 de vinaigre, sur du vin, quelle qu'en soit la force alcoolique. Cette règle doit être pratiquée uniformément chez tous les fabricants et pour tous les vins.

§ III.

Les garanties par la dénaturation ne sont pas encore suffisantes pour la Régie, elle veut aussi s'immiscer dans la fabrication elle-même. Et alors elle exige que l'opération de la mise en œuvre de la matière dénaturée se fasse sous ses yeux. Si la matière dénaturée n'est pas employée immédiatement, les employés doivent s'assurer par des visites journalières, ou au moins aussi fréquentes que possible, que les vins soumis à une acétification préalable, sont bien convertis en vinaigre.

---

(1) La ville d'Orléans, d'accord avec la Chambre de Commerce, vient de modifier son tarif d'entrée pour les vinaigres comme suit :

Les vinaigres portant 9 degrés maximum paient 5 fr. par hectolitre ;

Les vinaigres au-dessus de 9 degrés paient 28 fr. par hectolitre.

En outre, les vinaigriers de toute nature, simples, séparés ou non séparés, seront tenus de faire une déclaration « présentant la description de leurs ateliers « et magasins, et indiquant le mode de travail, le pro- « cédé de fabrication ainsi que la nature, le nombre « et la capacité des vaisseaux de toute espèce servant « à la fabrication. Les contenances déclarées seront « vérifiées par l'épalement métrique, et chaque vais- « seau portera un numéro d'ordre marqué d'une ma- « nière apparente. Toute modification à l'outillage ou « au procédé de fabrication sera l'objet d'une nouvelle « déclaration. »

Pour légitimer la concession de droits si énormes et si multiples, qui constituent un véritable exercice, c'est-à-dire une atteinte à la liberté individuelle et au respect du domicile, il faut se demander si la Régie atteindra au moins son but évident, celui de ne pas laisser de vin dénaturé, entre les mains du fabricant et d'assister à son emploi immédiat.

Nous n'hésitons pas à dire qu'elle n'obtiendra pas ce résultat, parce qu'il y a une nécessité de métier à laquelle elle est obligée de se soumettre elle- même, celle, pour le fabricant, d'avoir du vin vinaigré à l'avance.

Pour la Régie, la règle semble être que le vin dé- naturé est employé immédiatement après sa dénatura- tion. C'est tout le contraire qui se passe, l'emploi im- médiat n'est que la très-rare exception.

Qu'il nous soit permis d'entrer à ce sujet dans la pratique elle-même, et les preuves se multiplieront.

2

1° — Dans le système de fabrication orléanaise, celui qui semble se prêter le mieux au versement immédiat sur les vaisseaux mères, ce versement n'a pas lieu de suite.

En effet, dans le matériel de ces vinaigreries, il existe des cuves dites *rapés à vin*, qui sont des clarificateurs, dont la capacité est proportionnée à l'importance de la vinaigrerie, et qui sont à peu près indispensables.

Elles sont en bois, ne peuvent être qu'en bois, et ne peuvent être laissées en vidange. Elles sont remplies de vin dénaturé, immédiatement après qu'on a chargé les vaisseaux de la vinaigrerie, et restent pleines de vin vinaigré pendant au moins 8 ou 10 jours, jusqu'à ce que la vinaigrerie ait besoin d'une nouvelle charge.

Le fabricant de vinaigre aura donc à sa disposition du vin dénaturé, entre deux charges de la vinaigrerie. Et comme la vinaigrerie a ses caprices, qui se produisent périodiquement à certaines époques de l'année, et ne permettent pas de charger à ces moments-là tous les vaisseaux, on n'emploiera peut-être pas à la seconde charge tout le vin dénaturé après la première charge, et le nouveau vinaigrage sera proportionné à la quantité de vin que la vinaigrerie aura pu absorber.

Ainsi, dénaturation préalable du vin ; conservation de ce vin pendant un temps plus ou moins long ; impossibilité de déterminer au moment de la dénaturation l'instant où le liquide sera employé : telles sont les nécessités du système orléanais, qui rendent impossible ce que recherche la régie : ne pas laisser de vin dénaturé entre les mains du fabricant.

2° — Nous avons déjà dit, dans la protestation de
« 1872, qu'il n'y a pas aujourd'hui de vinaigrier éclairé
« qui ne reconnaisse non-seulement l'utilité, mais
« encore dans certains cas, l'absolue nécessité des
« vinaigrages préalables des vins. »

Nous affirmons de nouveau que c'est là une nécessité industrielle.

Le simple vinaigrage opéré longtemps avant la mise
en œuvre, est une opération très-importante et très-
utile ; à tel point que cela constitue le mode usuel de
fabrication dans le Midi. En effet, dans les départe-
ments méridionaux, il n'y a pas d'étuves, de vaisseaux
mères, etc.; la fabrication du vinaigre consiste à verser une certaine quantité de vinaigre, 10 0/0, sur des
vins, à laisser le mélange exposé en vidange à la tem-
pérature de l'atmosphère, soit dans les greniers, soit
à l'extérieur.

L'acétification est fort longue, il est vrai, mais néan-
moins elle se produit par le temps.

En présence de ces résultats si significatifs, on ne
peut songer à priver le fabricant de vinaigre d'un
moyen d'action si utile, et par conséquent il faut con-
sentir à permettre des vinaigrages, dont les vins ne
seront pas employés de suite.

3° — La circulaire de 1873 nous fournit elle-même
un exemple frappant dans lequel le vin dénaturé ne sera
pas employé de suite. Elle demande avec raison que
les vins, portant des symptômes d'acétification, soient
dénaturés complètement avant l'entrée chez le fabricant de vinaigre. Ces vins, après dénaturation, ne
pourront être employés si la quantité a quelque impor-

tance, parce qu'il faut préalablement les éclaircir, et qu'ils doivent être coupés avec d'autres vins.

4° — Enfin, un fabricant de vinaigre qui n'a pas même de licence de marchand de vins en gros, parce qu'il dénature tous ses vins à leur arrivée, aura nécessairement des provisions importantes de vins dénaturés.

Il nous semble démontré par ce qui précède, que la Régie ne peut empêcher le fabricant d'avoir du vin dénaturé, en plus ou moins grande quantité et pendant un temps plus ou moins long à sa disposition. On se demande alors, pourquoi on lui conférerait le droit d'immixtion dans la fabrication qu'elle réclame, puisqu'elle ne pourrait en tirer utilité pratique, que dans des cas très-exceptionnels et, disons-le, très-hypothétiques, où le vinaigrier emploie tout de suite son vin dénaturé.

— Du reste, si la régie voulait entreprendre de suivre l'emploi de tous les vins dénaturés sur les vaisseaux mères, la question de personnel l'arrêterait sans aucun doute.

Il faudrait un compte de vin vinaigré, et la présence des employés serait nécessaire, non pas seulement aux vinaigrages, mais encore à cet emploi du vin. Or, il faut reconnaître que la division du liquide sur les vaisseaux mères par fractions de 10 litres demanderait un temps énorme. Et le personnel devrait être assez nombreux pour satisfaire simultanément aux demandes des fabricants quel qu'en soit le nombre (dans Orléans et ses faubourgs, il y a environ 60 à 70 vinaigriers). Et il faudrait être à leur disposition à l'heure qu'ils indiqueraient, non pas suivant leur caprice, mais parce que les vinaigreries ne peuvent attendre et doivent être chargées en temps voulu.

Enfin, il est certain qu'on ne trouverait pas un personnel pouvant se soumettre à vivre dans les vinaigreries.

Ainsi la question de personnel rendrait encore inutile la concession du droit d'immixtion dans la fabrication.

Mais nous refuserons à la Régie ce droit par ce motif beaucoup plus décisif, que la liberté commerciale et industrielle a été proclamée par la loi des 2-17 mars 1791, article 7, qui est encore en vigueur.

L'immixtion de la Régie dans la fabrication, constituerait la violation la plus flagrante du secret professionnel et industriel. Pour certain fabricant, l'outillage lui-même, l'installation avec ses procédés de main-d'œuvre, de chauffage, d'aération, l'aménagement intérieur constituent une propriété commerciale, résultat de recherches longues et coûteuses. Peut-il convenir à un industriel de confier cette propriété à la discrétion de MM. les employés de la Régie, discrétion que l'Administration ne saurait garantir?

Et d'ailleurs, nous nous demandons en quoi la connaissance d'un outillage peut être utile au point de vue de la répression des fraudes, but final de la réglementation.

Lorsque le Comité des Arts et Manufactures a déterminé, pour chaque branche d'industrie, les con ditions dans lesquelles la dénaturation des alcools doit être opérée en présence des employés de la Régie (art. 5 de la loi du 2 août 1872 sur les bouilleurs de crû, alcools dénaturés, etc., etc.), il a recherché seulement des modes de dénaturation des alcools, appropriés à chaque branche d'industrie, mais il n'a pas imposé aux fabricants de faire connaître la description de leurs outillages, leurs modes de travail, leurs procédés de fabrication. Après la dénaturation opérée, chaque industriel est libre de travailler l'alcool dénaturé comme bon lui semble.

Nous demandons que pour nous la même réserve soit pratiquée et que la Régie s'arrête au seuil de la vinaigrerie.

Si nous consentions à payer le droit de consommation sur le vin, sans même en faire la dénaturation, la Régie n'aurait pas le droit de nous demander d'assister à l'emploi de ce vin, et encore moins de lui donner notre procédé de fabrication. Et cependant, ces vins conservés francs de goût, pourraient prêter bien plus facilement à la fraude que les vins dénaturés, dont la Régie se préoccupe si fortement.

Il faut que, par la dénaturation, nous soyons placés, pour la fabrication, dans une situation absolument identique à celle que nous donnerait le paiement du droit.

En conséquence, au nom de la liberté commerciale et industrielle, nous refusons à la Régie toute immixtion dans la fabrication elle-même et toute déclaration concernant notre outillage, notre mode de travail et *nos procédés de fabrication.*

§ IV.

La Chambre de commerce a indiqué en 1872, comme garantie contre la fraude, l'assistance des employés de la Régie à tous les vinaigrages.

La circulaire de 1873 montre que l'Administration a tenu compte de cette indication, car elle s'est occupée de se mettre en mesure de l'exécuter.

Quant à nous, qui comprenons que c'est là la vraie garantie de la Régie, nous nous joignons à vous pour demander que cela se fasse très-régulièrement.

Mais en pratique les dispositions de la circulaire présentent des inconvénients auxquels il faut porter remède.

La déclaration de vinaigrage doit porter, que dans l'intervalle du.........................au..........
.... (intervalle qui devra être de 36 heures dans les villes et 72 dans les campagnes) on désire faire un vinaigrage. Par suite, le fabricant doit avoir son vin tout prêt, et être lui-même à la disposition de la Régie pour le vinaigrage, pendant 36 ou 72 heures.

En principe, il faut le reconnaître, c'est l'Administration qui doit être à la disposition des fabricants, et non les industriels, qui doivent être obligés d'attendre, parce qu'ils ne peuvent chômer pendant 36 ou 72 heures.

Quoi qu'il en soit, nous aurions été disposés à faire le sacrifice d'une partie de notre droit pour tenir compte des nécessités du service, si ces prescriptions étaient supportables ; mais déjà il est arrivé que certains fabricants ont vu leur matériel détérioré par la vidange pendant 72 heures de leur rapé à vin ; d'autres ont été lésés dans leurs intérêts parce qu'ils n'ont pu quitter leurs établissements pendant le même temps.

Nous reconnaissons que MM. les chefs de service, ainsi que les employés, ont cherché souvent eux-mêmes à rendre ces prescriptions plus tolérables dans la pratique, en indiquant l'heure du vinaigrage, au moment même où la déclaration se faisait.

Inspirés par les bons résultats de ces complaisances, nous proposons, que le service soit organisé de telle façon, que le chef de bureau chargé de recevoir la déclaration, puisse indiquer à chacun, dans l'ordre de son inscription, l'heure approximativement où le vinaigrage serait effectué, dans les 24 heures de la déclaration, même dans les campagnes.

Quant au vinaigrage, il s'exécuterait par le versement effectif de 10 0/0 de vinaigre soit dans les fûts ou cuves qui renfermeront le vin ; et on n'admettrait plus que le montage du vin dans des cuves se fit devant les employés pour être ensuite vinaigré. Dans les conditions que nous indiquons le vinaigrage se ferait avec grande rapidité et ne demanderait plus la présence des employés pendant 7 ou 8 heures, comme il arrive quelquefois dans certaines fabriques.

§ V.

Au point de vue des garanties de l'Administration, la circulaire se préoccupe des vins présentant des symptômes d'acétification, que les vinaigriers pourraient recevoir, et de la circulation des vins dénaturés.

Nous nous réunissons à l'Administration pour demander que les vins altérés que reçoivent les vinaigriers, soient dénaturés complétement à leur arrivée. Par cette mesure, on empêchera de présenter plusieurs fois au vinaigrage des vins déjà dénaturés, et de couvrir cette fraude par l'allégation, que ces vins ont été reçus naturellement altérés.

Nous notons que l'Administration se trouve garantie encore dans cette circonstance, par la dénaturation elle-même, car ce vin restera sans emploi immédiat entre les mains du fabricant, comme nous l'avons déjà constaté

Nous ne serons pas d'accord avec la Régie, sur le principe posé par elle, qu'un vin dénaturé ne doit pas circuler.

En principe, le vin dénaturé n'étant plus une boisson, et n'étant pas rangé dans la catégorie des préparations à base alcoolique de l'art. 4 de la loi du 28 février 1872, doit circuler librement et ne peut en être empêché.

Nous n'insisterons pas sur ce principe et sur cette liberté de circulation, mais nous déclarons qu'on ne peut en revanche empêcher la circulation d'une manière absolue.

Dans certaines circonstances, elle sera obligatoire, par exemple en cas de faillite, de décès, de liquidation ou même de changement de domicile.

Il existe des fabricants qui n'ont pas même de licence et qui dénaturent tous leurs vins à l'arrivée. Le nombre de ces fabricants augmentera, ce n'est pas douteux. Ils pourront être spéculateurs sur leurs approvision-

nements de vins dénaturés comme sur du vin franc de
goût. On ne peut les entraver dans un commerce très-
légitime.

C'est donc à l'Administration à donner satisfaction
aux divers besoins que nous signalons, et à indiquer un
mode de circulation, si elle ne veut pas accepter la
liberté complète; de même qu'elle a dû régler celle des
alcools dénaturés. Et en effet, la circulaire des contributions indirectes n° 67, du 19 septembre 1872, page
12, sur l'exécution de la loi du 2 août 1872, s'exprime
ainsi : « Provisoirement les alcools dénaturés et leurs
« dérivés pourront être transportés en vertu de sim-
« ples passavants n° 3 B, dans tous les cas où ils au-
« ront été soumis à l'impôt chez le dénaturateur. »

La seule difficulté d'exécution consistera, après
avoir indiqué la dose d'acide acétique que doit contenir un vin dénaturé, à fournir un instrument pratique, avec lequel, en dehors de la dégustation, on puisse
faire le dosage de l'acide et reconnaître le vin dans des
conditions de dénaturation complète.

Nous avons indiqué dans la protestation de 1872,
les acétimètres Guibourt et Salleron, le liquomètre
comme moyens de doser l'acide ; mais si ces procédés
ne sont pas jugés suffisamment certains, il convient de
chercher et de s'adresser aux chimistes. Il n'est pas
douteux qu'on doive arriver à trouver l'instrument
nécessaire.

Après avoir donné satisfaction aux besoins de la
circulation, il faudra compléter la réglementation, en
déterminant le moment où l'alcool, contenu dans un
un vin dénaturé, sera suffisamment converti en acide

acétique, pour que le produit **puisse voyager** librement.

Supposons par exemple un vin ayant porté naturellement 10 degrés alcool. Par altération naturelle ou par suite d'une fabrication incomplète, le liquide contient 5 degrés acide et 5 degrés alcool ; ce liquide sera-t-il encore assujetti à l'acquit à caution ? ou sera-t-il vinaigre voyageant librement ?

Toutes ces solutions doivent être données promptement et sans attendre que des faits viennent en démontrer la nécessité.

En résumé : I. — Le syndicat des fabricants de vinaigre d'Orléans maintient, comme en 1872, son droit absolu à la franchise de la dénaturation, et refuse à la régie le droit de faire séparer les établissements, même réduits aux nouveaux établissements à créer, ou à ceux dans lesquels la séparation serait jugée possible.

II. — Le mode de dénaturation jugé suffisant chez certains fabricants, doit être appliqué à tous. Il s'élève donc contre les catégories que voudrait créer la circulaire de 1873.

III. — Il refuse à la Régie le droit de s'immiscer dans la fabrication, en assistant à l'emploi du vin dénaturé et en demandant la description du matériel, de l'outillage, et le mode de travail et le procédé de fabrication etc., etc., non seulement parce que ce droit ne conduirait pas au but que se propose la Régie, d'empêcher le fabricant d'avoir du vin vinaigré à sa disposition, mais encore, parce que ce serait créer une sorte d'exercice attentatoire à la liberté individuelle, à la liberté commerciale et industrielle, par conséquent une violation formelle de la loi des 2-17 mars 1791.

IV. — Le Syndicat approuve en principe les dispositions qui ont pour but d'assurer l'exécution matérielle des vinaigrages, parce que ceux-ci constituent la véritable garantie du Trésor ; mais il critique l'exécution proposée par la Régie et indique un système qui doit concilier les besoins du service et les nécessités de la liberté des commerçants.

V. — Le Syndicat admet l'utilité de la dénaturation des vins altérés avant leur entrée chez le fabricant.

Enfin, il déclare qu'il est absolument nécessaire de réglementer la circulation des vins dénaturés, et, par suite, de rechercher et d'adopter un procédé chimique, pour déterminer la quantité d'acide que doit contenir un vin dénaturé ; et dans le cas où on indiquerait que le vin dénaturé sera accompagné de certains actes de circulation comme le passavant, il convient de déterminer la limite où un vin en cours d'acétification pourra circuler librement.

***

Nous avons la confiance, Messieurs, que vous approuverez, comme en 1872, notre nouvelle protestation, d'autant plus qu'il nous semble indispensable d'affirmer auprès de la Régie, l'autorité méconnue de l'institution des Chambres de Commerce.

Nous sommes étonnés que l'Administration ne s'arrête pas quand vous lui signalez qu'elle commettrait un excès de pouvoir en exécutant la circulaire de 1872, parce qu'elle est entachée d'illégalité.

N'est-ce pas à elle à nous donner l'exemple du respect de la légalité, quand l'art. 247 de la loi de 1816 (1), qui est encore le Code des Contributions indirectes, et l'art. 94 du 15 mars 1818 lui donnent des avertissements très-significatifs. Mais ses prétentions s'accroissent en quelque sorte, comme vous l'avez vu, en proportion des résistances qui lui ont été opposées, et il semble qu'elle n'ait pas dit son dernier mot, car la circulaire se termine par cette menace : « Les « fabricants devront d'ailleurs être avertis qu'en cas « d'abus, toute concession relativement à la remise « de l'impôt sur les vins convertis en vinaigre, serait « subordonnée à de nouvelles conditions et pourrait « même être entièrement retirée. »

Dans ces circonstances, un conflit paraît imminent. Nous sommes prêts pour une lutte judiciaire, et partout où elle se produira, le Comité de résistance, constitué pour la défense des intérêts de l'universalité des fabricants de vinaigre de vin, interviendra.

Ce conflit judiciaire pourra-t-il être évité? Nous l'espérons encore.

---

(1) Art. 247 de la loi du 28 avril 1816 :

« Aucune instruction soit du Ministre, soit du Directeur « général ou de la Régie des Impositions directes, soit d'aucun « des Préposés, ne pourrait, sous quelque prétexte que ce soit, « *annuler*, *étendre*, modifier ou forcer le vrai sens des dispo- « sitions de la présente loi. — Les Tribunaux ne pourront « prononcer de condamnations qui seraient fondées sur lesdites « instructions et qui ne résulteraient pas formellement de la « présente loi. »

Par une intervention immédiate et énergique des Chambres de Commerce, il faut que nous touchions à une solution.

Les conséquences des prétentions de la Régie, au point de vue de l'industrie même du fabricant de vinaigre de vin, sont très-graves.

La circulaire de 1872 a déjà eu pour effet de porter atteinte à la valeur de nos établissements ; elle a arrêté une vente d'établissement dans Orléans ; l'acquéreur s'est retiré devant la perspective d'être obligé de procéder à une séparation, et parce qu'il a vu contester le droit de dénaturation en franchise des vins. D'autres établissements ne peuvent non plus trouver acquéreur pour la même raison.

Il est impossible aujourd'hui, soit d'acheter un établissement, soit d'en former, parce qu'il faut un lendemain assuré à l'industriel ; et que la Régie, avec sa prétention de prendre la tolérance pour base de sa réglementation, compromet tout avenir.

Et ce n'est pas sans raison qu'on se préoccupe de l'usage que la Régie pourrait faire de cette tolérance, puisqu'elle ne craint pas, aujourd'hui, de contredire de la manière la plus formelle, ses décisions antérieures sur le droit de dénaturation des vins. (Décision 110 du 21 août 1816. — Décision n° 353 du 30 avril 1817.)

Il n'y a donc pas certitude que la Régie maintienne la franchise des dénaturations, même si on se soumettait à ses exigences actuelles.

La suppression de la franchise de la dénaturation serait fatale à la vinaigrerie de vin. Cette industrie qui est toute spéciale à la France, et dont l'hygiène réclame les produits, disparaîtrait bientôt.

On sait déjà, en effet, que le vinaigre de vin est plus cher que tous les produits similaires. Que sera-ce s'il est grevé de l'impôt sur le vin? Nous le déclarons nettement, nous ne pouvons exister qu'à deux conditions : c'est d'avoir la franchise; et de plus, de pouvoir joindre à notre fabrication, le commerce de vin.

En luttant contre la Régie, nous combattrons pour notre existence; on ne s'étonnera donc pas de voir tous les vinaigriers de France se réunir pour soutenir la lutte par tous les moyens en leur pouvoir.

Mais si nous opposons une résistance aux exigences illégitimes de la Régie, nous n'entendons pas lui contester le droit de demander des garanties dans les dénaturations des vins.

Il était superflu et complétement inopportun, de soulever cette question d'impôt sur le vin dénaturé, à propos des garanties que la Régie prétend réclamer, et d'en faire en quelque sorte le prix d'une concession sur la perception de cet impôt, concession qu'elle n'a pas même le droit de faire. La Régie a le *droit absolu* de demander que les dénaturations ne puissent devenir un moyen de fraude, nous le reconnaissons.

Ce droit a été consacré pour les dénaturations des alcools dans la loi du 21 juillet 1843, de même que dans celle du 2 août 1872. Et on a indiqué pour chaque industrie, un mode de dénaturation des alcools, qui tout en garantissant les droits du Trésor, respecte

la liberté individuelle et commerciale, et laisse le
fabricant de vernis, de couleurs ou de produits phar-
maceutiques, employer son alcool dénaturé comme il
l'entend.

Pour les vins, il faut un système analogue.

Nous prétendons que la dénaturation seule suffit
pour garantir contre toute fraude. Notre conviction est
tellement grande que nous en faisons la base d'un système que nous allons soumettre à notre examen.

Nous rappellerons préalablement les principes qui
doivent guider en matière de dénaturation des liquides
soumis à l'impôt. Ils sont consignés dans le rapport
de M. Vigier sur la loi du 24 juillet 1843, concernant
les alcools dénaturés.

Suivant ce rapport, il y aura dénaturation de
l'alcool, non pas seulement quand le produit sera trans-
formé en un autre produit complétement différent, au
point de vue de sa composition chimique, mais aussi
quand il sera mis dans un état tel qu'il ne soit plus
potable, et que les frais pour le ramener à la consommation de bouche soient tellement considérables, que la
revivification ne puisse faire l'objet d'un commerce.

Un exemple fera sentir la pensée du législateur de
1843. Dans le vernis à l'esprit de vin, il n'y a pas transformation de l'alcool qui fait la base du vernis ; et il
ne pourrait pas y avoir transformation, puisque l'alcool est nécessaire pour conserver la matière résineuse
en dissolution. On pourrait retrouver l'alcool et le

séparer de la résine par la distillation ; mais après le mélange de l'alcool avec le Méthylène ou Esprit de bois, l'infection est si complète qu'on ne pourra pas retrouver l'alcool potable ; ou, pour le rendre potable à nouveau, on serait obligé de dépenser une somme plus forte que l'argent qu'on gagnerait en fraudant les droits sur l'alcool. Dans cet exemple, la dénaturation est suffisante, sans transformation de l'alcool.

Les principes de la loi de 1843 sont absolus. Ce sont ceux qui ont inspiré également la loi du 2 août 1872 ; et le Comité des Arts et Manufactures, qui a eu pour mission, par l'article 5 de cette dernière loi, *de déterminer les conditions de la dénaturation des alcools, pour chaque branche d'industrie,* s'est préoccupé des moyens de rendre les alcools non potables, et d'empêcher leur revivification, plutôt que de leur transformation chimique.

Ces mêmes règles devront servir à déterminer quelle sera la dénaturation suffisante pour le vin à convertir en vinaigre ? Faudra-t-il attendre que tout l'alcool du vin soit converti en acide acétique pour dire qu'il y a dénaturation ? Telle est la question à résoudre.

Déjà la Régie l'a en quelque sorte jugée, puisqu'elle admet que 10 litres de vinaigre versés sur 100 litres de vin, quelle que soit sa force alcoolique, dénatureront suffisamment chez certains fabricants. On ne pourra certes pas accuser la Régie d'être trop facile, la circulaire elle-même que nous combattons démontre le contraire.

Nous déclarons que la dénaturation sera suffisante dans ces conditions ; mais il faut surtout que la Régie fasse exécuter très-scrupuleusement les vinaigrages.

Elle y trouvera une garantie complète contre toute fraude.

Et en effet, nous l'avons démontré dans la Protestation de 1872, le vin qui a reçu 10 p. 0/0 de vinaigre est absolument *non potable* en lui-même. De plus, il ne peut être ramené indirectement à la consommation, par un mélange avec un vin franc de goût ; parce que la dépréciation apportée au vin franc de goût par ce mélange, sera toujours plus importante que la valeur des droits qu'on y gagnerait. Cette raison péremptoire rend dès lors inadmissible la supposition que le mélange des vins dénaturés avec des vins francs de goût, puisse constituer la base d'un commerce.

Par le vinaigrage à 10 p. 0/0, il n'y aura pas transformation du vin en vinaigre, mais il y aura *dénaturation suffisante* dans le sens de la loi du 24 juillet 1813 et du 2 avril 1872, parce que le vin ne pourra plus revenir à la consommation de bouche.

Si nos assertions, relatives aux effets des vinaigrages à 10 p. 0/0, ne sont pas acceptées, nous demandons formellement que des hommes spéciaux et désintéressés soient appelés à se prononcer ; qu'on prenne l'avis de la Commission des vins de Paris, de la Chambre syndicale des courtiers-gourmets de Bercy, et en dernière analyse du Comité des arts et manufactures.

La quantité de vinaigre à 7 degrés, nécessaire pour la dénaturation du vin, étant déterminée, il en résultera qu'un vin sera réputé *dénaturé*, quand il contiendra une certaine dose d'acide, proportionnée à la richesse acétique du vinaigre dénaturateur.

Le même instrument qui servira à reconnaître le vin dénaturé, pour la circulation, servira aussi, chez le fabricant de vinaigre, à reconnaître les vins, qu'on voudrait présenter une seconde fois à la dénaturation.

Nous avons dit, avec la circulaire, que tous les vins altérés naturellement devront être dénaturés avant l'entrée chez le fabricant. Il en résulte que celui-ci ne pourra plus présenter aux vinaigrages que des vins francs de goût; et que les vins qui seraient présentés à la dénaturation, portant des traces d'acide, seront suspects, comme pouvant être le résultat d'un coupage de vin précédemment dénaturé avec du vin franc de goût.

Une seule difficulté se présentera, dans le cas où le vin se serait altéré naturellement chez l'entrepositaire, fabricant de vinaigre. Mais ce cas sera fort rare, parce que le commerçant a tout intérêt à la conservation de son vin. Déjà aujourd'hui, la Régie est appréciatrice des circonstances dans lesquelles elle donne la décharge de ces vins piqués naturellement; elle conserverait le même droit. Elle aurait le soin, aussitôt que l'altération serait signalée, d'exiger la dénaturation complète. Et en supposant qu'elle puisse être encore surprise et trompée, ce sera bien exceptionnellement et cela ne constituera jamais une fraude importante, qui mérite de s'y arrêter.

Dans notre système, comme on le voit, c'est la dénaturation elle-même qui constitue la garantie de la

Régie parce qu'elle peut se constater matériellement.

Il n'y a plus besoin alors de contester la franchise, de provoquer la séparation des établissements, de s'immiscer dans la fabrication. On peut laisser sans aucun inconvénient le fabricant de vinaigre dénaturer à l'avance autant de vin qu'il voudra.

On lui imposera le classement de ses vins dénaturés avec des indications apparentes, et le personnel pour les vinaigrages n'aura pas besoin d'être nombreux.

En définitive, notre système présente les avantages de sécurité, promptitude et économie. Il mérite qu'on l'examine avec soin, et nous vous demandons de le patroner auprès de l'Administration.

Orléans, 22 septembre 1873.

Les Membres du Comité :

Cʜ. ROUSSEAU, *président* ;
MAHOUDEAU, *vice-président* ;
BRETON-LAUGIER, *rapporteur* ;
GRIVET-COURTIN ;
E. COLLIOT ;
COURTIN-ROSSIGNOL ;
A. COUDIÈRE ;
BOUCHERY ;
E. CABET, *président de la corporation des vinaigriers de Dijon.*
DUTREUIL, *président du syndicat de Bordeaux.*

CONSULTATION

LES CONSEILS SOUSSIGNÉS,

**auxquels ont été posées les Questions ci-après,
sont d'avis des résolutions suivantes :**

L'Administration des Contributions indirectes annonce, depuis plus d'une année déjà, l'intention de
soumettre MM. les marchands de vins en gros qui se
livrent à la fabrication du vinaigre de vin, à une réglementation complétement nouvelle.

Elle a d'abord, en effet, dans une circulaire du
19 juin 1872, déclaré, qu'à l'avenir, chaque fabricant
devrait installer son commerce de vins dans des locaux
complétement distincts et séparés de ceux de sa vinaigrerie.

Puis, plus récemment, dans une seconde circulaire,
modificative en certains points de la première, et qui
porte la date du 20 juin 1873, cette Administration vient de formuler un ensemble de prescriptions
qu'elle voudrait imposer désormais aux vinaigriers.

L'exécution de ces diverses mesures aurait pour
résultat, aux yeux de ces derniers, de causer à leur
industrie, sans intérêt sérieux pour le Trésor, le plus
grave préjudice.

Ils se proposent d'en faire la démonstration aux représentants de la Régie ; mais ils désirent aussi, et avant tout, savoir, au point de vue juridique, quels sont leurs droits et quelles sont leurs obligations.

Questions posées. — Ils posent en conséquence aux soussignés la question de savoir si l'Administration des Contributions peut, en dehors d'une loi et par voie de simple réglement, soumettre leur industrie aux prescriptions indiquées dans les circulaires que nous venons de rappeler.

La réponse nous paraît devoir être la suivante :

I.

Le droit de travailler et de se livrer à un genre de commerce quelconque, était autrefois en France réputé un droit royal, que le prince pouvait vendre et que le sujet devait acheter (préambule de l'édit de février 1776).

Mais ce système, éminemment contraire à la loi naturelle, a disparu avec le régime féodal en 1789. Et la loi des 2-17 mars 1791, article 7, a proclamé d'une façon expresse le principe de la liberté du commerce et de l'industrie.

Cette liberté, toutefois, n'est pas et ne peut pas être absolue. Le législateur a dû nécessairement, au contraire, y apporter certaines restrictions, soit dans l'intérêt de la sécurité publique, soit encore pour assurer la perception des impôts.

Telles sont, par exemple, pour rentrer absolument dans notre sujet, celles qui concernent la fabrication, la circulation et le débit des boissons, et qui ont pour but de garantir au Trésor le recouvrement des taxes auxquelles ces produits sont assujettis.

Mais la liberté n'en demeure pas moins *la règle;* la *restriction* n'est que *l'exception.* Et cette *restriction* ne peut évidemment résulter que *d'une loi*, le législateur ayant seul le droit de diminuer et de restreindre la liberté qu'il a lui-même proclamée. (V. Gouget et Merger, *Dict. du droit commercial,* v° Liberté de l'Industrie, n° 7. Répertoire du *Journal du Palais*, même mot, n°ˢ 2 à 8).

Le principe que nous venons de poser est indiscutable. Mais il est au reste consacré d'une façon formelle par la loi du 28 avril 1816, précisément en vue de la situation qui nous occupe.

Cette loi de 1816 constitue en effet, comme chacun le sait, le Code véritable des Contributions indirectes. C'est elle qui renferme la longue et minutieuse nomenclature des prescriptions imposées dans l'intérêt du Trésor, soit aux particuliers, soit aux négociants qui font le commerce des boissons, soit enfin aux brasseurs et distillateurs.

Or, elle se termine par la disposition suivante qui forme son article 247 :

« *Aucune instruction, soit du Ministre, soit du*
« *Directeur général ou de la Régie des impositions*
« *indirectes, soit d'aucun des Préposés, ne pour-*
« *ront, sous quelque prétexte que ce soit, annuler,*
« *étendre, modifier ou forcer le vrai sens des dis-*
« *positions de la présente loi.*

« *Les Tribunaux ne pourront prononcer de con-*
« *damnations qui seraient fondées sur lesdites*
« *instructions, et qui ne résulteraient pas formel-*
« *lement de la présente loi.......* »

Ainsi, pas de doute possible en présence de ce texte
précis. Le marchand de vins en gros, comme le vinaigrier et comme tous les autres négociants, doit se
conformer rigoureusement à la loi de 1816 et à toutes
celles qui ont suivi.

Mais ces lois forment sa règle unique et absolue,
règle qui ne peut être *ni modifiée, ni étendue* par le
Ministre ou par le Directeur général.

Et, par conséquent, pour répondre aux questions
posées par les consultants, il nous suffira de rechercher si les mesures qui font l'objet des circulaires de
1872 et 1873, se rencontrent, au moins en principe,
dans l'une ou l'autre des lois spéciales à la matière.

Si oui, pas de difficulté : la circulaire sera obligatoire pour tous, aussi bien que la loi dont elle n'est
alors que le fidèle reflet.

Si non, la circulaire sera illégale ; elle devra être
ou considérée comme non avenue, ou querellée de nul-
lité devant l'autorité compétente.

II.

En présence de ce qui précède, il est facile de résoudre la première difficulté soulevée par la circulaire
du 19 juin 1872.

Cette circulaire, nous l'avons déjà dit, enjoint aux
vinaigriers, marchands de vins en gros, de séparer

leurs vinaigreries des cénacles qui renferment leurs vins.

Or aucune obligation de ce genre n'est imposée à ces industriels ni par la loi de 1816, ni par aucune loi postérieure.

Donc la circulaire qui la crée contrevient, en cette partie du moins, à l'article 247 cité plus haut.

La Régie ne peut en exiger l'exécution.

Et l'on ne peut assurément qu'applaudir à cette conclusion, quand on réfléchit un instant aux conséquences possibles de la mesure exorbitante proposée par la Régie.

Contraindre un négociant à séparer ses magasins de vins des ateliers de sa fabrication! Mais ne serait-ce pas, dans beaucoup de cas, lui enlever les avantages d'une installation commode, qu'il a créée au prix des plus grands sacrifices? Ne serait-ce pas s'exposer à ruiner en partie son industrie; l'exproprier peut-être de son établissement?

Que le législateur parle au nom de l'intérêt général, et les fabricants devront s'incliner. Mais l'Administration des Contributions ne peut leur imposer de semblables sacrifices par voie de réglement ou d'instruction.

La Régie a, du reste, diminué quelque peu la rigueur de sa première circulaire, car elle annonce dans celle du 26 juin dernier, qu'elle exigera seulement la séparation des locaux :

1° Dans les établissements où cette séparation est matériellement praticable;

1

2° Et aussi dans tous ceux qui seront fondés à l'avenir.

Cette modification diminue sans doute les inconvénients que nous avons signalés ; mais elle a le tort grave aussi de faire une trop large part à l'arbitraire, et de créer parmi des établissements de même nature des catégories inacceptables.

Qui donc, en effet, décidera si la séparation des magasins est possible dans telle vinaigrerie et impraticable dans telle autre ?

Comment, en outre, imposer au jeune industriel, qui va s'installer demain, une mesure fort gênante dont ses aînés demeurent affranchis pour toujours ?

Mais il y a plus : la circulaire de 1873 n'est pas plus légale que celle de 1872.

Et la situation vraie, au point de vue juridique, est celle-ci :

Tout fabricant peut, puisqu'aucune loi ne le lui défend, placer sa vinaigrerie dans des ateliers contigus à ses magasins de vins.

Pas de distinction à faire, sous ce rapport, entre l'importance des établissements ou l'époque de leur création. Qu'ils soient vastes ou restreints, anciens ou nouveaux, peu importe ; la règle est la même pour tous.

Et la Régie ne peut, pour aucun d'eux, créer une prohibition qui n'existe dans aucune loi.

La circulaire de 1873, aussi bien que celle qui l'avait précédée, serait donc considérée par les Tribunaux comme n'existant pas.

III.

En dehors de cette question de séparation des locaux, la circulaire du 20 juin dernier renferme une longue énumération de prescriptions nouvelles auxquelles l'Administration veut désormais astreindre les consultants.

Ces prescriptions ont pour but notamment :

1° De modifier, pour certaines vinaigreries seulememt, le mode de dénaturation des vins suivi jusqu'à ce jour;

2° D'obliger désormais chaque fabricant à faire connaître à la Régie, par voie de déclaration écrite sans doute :

La nature, le nombre et la capacité des vaisseaux de toute espèce qu'il emploie ;

La description de ses ateliers et magasins, son mode de travail, son procédé de fabrication ;

Enfin, toutes les modifications apportées après la déclaration première, soit dans l'outillage, soit dans le procédé employé pour fabriquer.

Occupons-nous d'abord des mesures indiquées sous le n° 2 qui précède, et recherchons si les fabricants sont tenus de s'y soumettre.

Voici notre réponse :

1° La réglementation proposée, si elle était rigoureusement appliquée, apporterait, paraît-il, une perturbation véritable dans l'industrie des vinaigriers.

Cependant chacune des mesures qui la composent ne nous paraît pas avoir une égale importance.

Il en est même plusieurs, entre autres celles concernant l'obligation de déclarer le nombre et la capacité des vaisseaux, qui sont déjà depuis longtemps en vigueur, par exemple :

Pour les brasseurs de bière et pour les distillateurs (articles 109 à 143 de la loi du 28 avril 1816);

Pour les bouilleurs de crú (article 1er de la loi du 2 août 1872);

Enfin pour les vinaigriers qui fabriquent dans l'intérieur d'Orléans (article 37 du réglement d'octroi du 17 décembre 1853).

Il est vrai que ces prescriptions ont été imposées à ces différents industriels par des lois formelles ; qu'il en devrait être de même par conséquent pour les mesures dont nous nous occupons; et que dès lors la circulaire est déjà, à ce point de vue, entachée de quelque illégalité.

Mais enfin si la Régie avait borné là ses exigences nouvelles, un accord amiable aurait pu certainement intervenir entre les vinaigriers, animés tous du plus louable esprit de conciliation, et les honorables représentants d'une Administration qui a besoin d'être secondée pour l'accomplissement de sa délicate et utile mission.

2° Mais la Régie va beaucoup plus loin. Elle veut, comme nous l'avons dit déjà, que chaque négociant lui fasse connaître et la disposition de ses magasins, et son procédé de fabrication et ses perfectionnements.

Cette obligation n'est écrite dans aucune des lois sur la matière, et ce n'est pas évidemment par voie de circulaire qu'elle peut être créée.

Et le législateur reculerait sans doute lui-même, à moins d'une nécessité bien démontrée, devant une innovation qui peut avoir pour l'industrie les plus graves conséquences.

L'agencement de l'outillage, le procédé employé pour faire mieux que le concurrent, à moins de frais que le voisin..... Tout cela pour l'industriel intelligent, c'est l'avenir de sa maison, c'est son plus précieux patrimoine peut-être. Comment le forcer à révéler ces secrets au personnel si nombreux de l'Administration?

Arrivons à ce qui concerne la *dénaturation*.　　　Dénaturation.

Le vinaigre de vin n'est pas une boisson, mais bien une substance alimentaire. Il est dès lors, quoique soumis dans la plupart des villes à une taxe municipale, affranchi des droits de consommation qui concernent les boissons.

Le fabricant de vinaigre n'a pas dès lors à payer l'impôt sur les vins qu'il convertit en vinaigre, et il obtient de la Régie la décharge de ceux entrés dans ses magasins, à la condition de les *dénaturer*, c'est-à-dire de les rendre absolument *impotables*.

Cette opération s'est toujours faite jusqu'à ce jour, en versant sur le vin, les employés de la Régie présents, au moins 10 p. °/₀ de vinaigre titrant 7 p. °/₀ à l'acétimètre Salleron.

Aujourd'hui, la Régie trouve encore ce procédé suffisant pour celles des vinaigreries qui sont séparées des magasins de gros.

Mais elle veut le modifier pour les autres vinaigreries, et pour celles-là elle exige un dosage plus élevé proportionné à la force alcoolique du vin dénaturé.

Les consultants repoussent cette innovation qui serait tout à la fois, disent-ils, inutile pour la garantie du Trésor, fort dispendieuse pour eux, et dès lors préjudiciable à leurs intérêts.

Leur résistance est-elle fondée ?

1° La *dénaturation* est de la dernière importance pour la Régie, puisque si l'opération était mal faite, le fabricant pourrait, après coup, *revivifier* le vin dont il aurait obtenu décharge, et le livrer à la consommation sans payer l'impôt.

L'Administration a donc bien le droit, si le mode de dénaturation usité aujourd'hui lui paraît défectueux, de demander qu'on y apporte des modifications.

Et ce droit, nous le lui reconnaissons d'autant plus volontiers que ce serait là, à nos yeux du moins, le moyen de faire cesser à peu près toutes les difficultés entre la Régie et les vinaigriers.

Si, en effet, on adoptait désormais un mode d'acétification tel qu'il serait absolument impossible, au point de vue pratique et commercial, d'arriver à rendre au vin dénaturé ses propriétés premières, la fraude ne serait plus guère à redouter, et toutes les mesures dont nous avons parlé plus haut deviendraient inutiles.

L'Administration peut donc demander que le mode de dénaturation actuel soit modifié, si une modification est reconnue nécessaire.

2° Mais la Régie peut-elle imposer d'elle-même le procédé qu'il lui plaît de choisir?

Nous ne le pensons pas, et le doute n'est pas même permis, à nos yeux du moins, en présence des principes développés ci-dessus.

S'il s'élevait au reste une contestation sérieuse sur ce point, nous en trouverions la solution dans deux lois antérieures, intervenues dans des circonstances identiques, nous voulons parler de la loi du 21 juillet 1843 et de celle toute récente du 2 août 1873.

Cette dernière loi assujettit à une taxe unique, *dite de dénaturation*, les alcools destinés à l'industrie sous la condition qu'ils soient préalablement *dénaturés*.

Quant au procédé à employer pour arriver à cette dénaturation, la loi ne le détermine pas. Elle délègue ce soin, non pas, remarquons-le, à l'Administration elle-même, mais à un Comité d'hommes spéciaux et compétents.

« Le Comité des arts et manufactures (porte l'ar-
« ticle 5) déterminera *pour chaque branche d'indus-*
« *trie* les conditions dans lesquelles la dénaturation
« des alcools devra être opérée en présence des em-
« ployés de la Régie. »

Nous pensons qu'il en doit être de même dans l'espèce qui nous occupe.

Le Comité des arts et manufactures, saisi de la question sur la demande de la Régie, entendra les observations de l'Administration et celles des industriels.

Il donnera son avis, lequel sera rendu obligatoire par un arrêté ministériel rendu dans la forme des réglements d'administration publique ;

Et chaque partie sera tenue de s'incliner devant cette loi véritable, qui pourrait ainsi faire cesser bien des tiraillements regrettables.

Objections de la Régie.

Première objection. L'Administration des Contributions reconnaîtra peut-être l'exactitude juridique des principes que nous venons de développer. Mais alors elle tiendra aux fabricants de vinaigre de vin le langage suivant :

« Aucune disposition de la loi n'accorde la franchise pour les vins que vous convertissez en vinaigre. Si j'ai cru devoir, au début, vous faire cette concession, je suis libre de vous la retirer aujourd'hui. Désormais donc, ou bien vous accepterez la réglementation que je vous propose, ou bien vous paierez l'impôt sur les vins que vous convertissez en vinaigre comme s'ils étaient livrés à la consommation. »

Cette objection ne peut avoir, en aucun cas, d'influence sur la solution du débat.

La fabrication du vinaigre de vin constitue en effet une industrie importante qui doit être, dans l'intérêt de tous, efficacement protégée. Or elle serait, paraît-il, absolument anéantie, si les vins qu'elle emploie devaient supporter les droits auxquels *les boissons* sont assujetties.

Il est certain dès lors :

Ou bien que la Régie n'oserait pas elle-même réaliser la menace qu'elle formule aujourd'hui ;

Ou bien que le législateur actuel interviendrait bien vite pour réparer l'oubli de ceux qui l'ont précédé.

Mais nous allons plus loin et nous soutenons, contrairement à l'affirmation de la Régie, que les vins convertis en vinaigre ne sont pas soumis, en principe, au paiement des droits qui concernent les boissons; et que, par conséquent, l'Administration ne peut pas retirer aux vinaigriers le bénéfice de ce qu'elle appelle à tort une *concession* spontanée.

I. — Les droits sur les boissons sont de véritables impôts.

Or, comme les impôts ne peuvent être créés, en France, que par une loi, il est de toute évidence qu'il n'y a de liquides assujettis au paiement des droits que ceux qui y ont été soumis d'une façon *expresse* par le législateur.

Existe-t-il donc une loi qui le décide ainsi pour les vins convertis en vinaigre ?

II. — Oui, cette loi existe, nous répondra-t-on ; c'est celle du 28 avril 1816 qui impose les vins, cidres et poirés sans distinction, et qui, par conséquent, s'applique aux vins employés à la fabrication du vinaigre comme à tous les autres.

Ce raisonnement est une erreur :

1° D'une part, en effet, la loi de 1816, comme toutes celles qui l'ont précédée et suivie, n'impose que *les boissons*, c'est-à-dire les *liquides potables*.

Le vinaigre, qui est en réalité une substance alimentaire, un condiment, n'est pas soumis aux droits concernant les boissons.

2° D'un autre côté, ces droits sont exclusivement établis, il ne faut pas l'oublier, sur la consommation des liquides assujettis.

Il n'en a pas été, il est vrai, toujours ainsi.

L'impôt sur les boissons a plusieurs fois **changé de forme et d'assiette** dans notre législation moderne.

Il a été perçu d'abord comme droit d'inventaire ou de vente en gros (lois du 5 ventôse an xii et du 24 avril 1806).

Ensuite à titre de droit de mouvement (art. 12 et 13 de la loi du 15 novembre 1808).

Plus tard comme droit de circulation ou d'entrée (loi du 28 avril 1816).

En dernier lieu enfin, aux termes des articles 82 et 83 de la loi du 25 mars 1817, sous forme de *droit de consommation*.

Cette loi de 1817 est encore en vigueur aujourd'hui, et l'impôt sur les boissons, qui conserve, dans le langage usuel, sa dénomination primitive de droit de circulation, n'est plus dû et perçu que sur la consommation.

Ce principe est incontestable et incontesté.

« Depuis la loi de 1817, dit le répertoire du *Journal du Palais*, v° boissons, n° 60, le droit de circulation diffère du droit de mouvement en ce qu'au lieu d'être perçu à chaque mouvement des boissons sujettes, il ne l'est plus qu'une seule fois *et lorsque l'enlèvement a lieu pour livrer les boissons aux consommateurs. Aussi n'est-il plus réellement qu'un droit de consommation, et il n'a conservé son ancien nom que parce que la circulation, qui n'est plus le motif de la perception, continue cependant d'en être le moyen.* »

« Le droit de circulation, dit encore M. d'Agar, ancien chef de division au Ministère, dans son *Traité du Contentieux*, t. II, n° 533 : Le droit de circulation créé par la loi du 28 avril 1816 était, en quelque sorte, un droit *au mouvement* des boissons ; les modifications apportées à cette loi par celle du 25 mars 1817, art. 82 et 83, en ont fait un véritable droit *à la consommation ;* en sorte que le droit de circulation n'est aujourd'hui exigible à l'enlèvement *que lorsque celui-ci est fait à destination d'un consommateur, c'est-à-dire d'un simple particulier, non marchand en gros ni débitant de boissons.* »

3° Ainsi donc pas de doute possible.

Le vinaigre n'est pas une boisson ; il n'est pas dès lors assujetti à l'impôt créé pour les boissons.

D'un autre côté, le vin n'est passible de l'impôt qu'au moment où ce vin est enlevé pour être livré au consommateur.

Le vin, converti en vinaigre, n'est donc pas assujetti au paiement des droits.

Et la Régie n'a pas usé de tolérance en ne réclamant pas de droit depuis 1817.

Elle n'a fait, en cela, que se conformer à la loi.

III. — Il ne nous est même pas donné de comprendre comment l'Administration parle de tolérance en semblable matière.

Les lois qui créent les impôts sont obligatoires pour tous, aussi bien pour les Administrations chargées de les percevoir que pour les contribuables astreints à les payer.

Si donc le législateur avait *imposé* les vins employés à la fabrication du vinaigre, la Régie elle-même n'aurait pas pu, de sa propre autorité, en exonérer les fabricants.

Elle n'aurait pu le faire qu'en manquant à ses devoirs, et personne assurément n'aura la pensée de lui adresser un semblable reproche.

IV. — Cette prétention de l'Administration des Contributions indirectes est au reste tout-à-fait nouvelle ; car, à toutes les époques, elle a reconnu et consacré même par ses *décisions* le principe que nous soutenons en ce moment.

« *Les vinaigriers recevant chez eux des vins,* « disait-elle notamment dans sa décision n° 110, du « 21 août 1816 (voir M. d'Agar, *Manuel des Contri-* « *butions indirectes*), *qu'ils destinent à la fabrica-* « *tion des vinaigres, doivent être considérés, aux* « *termes de l'article* **98** *de la loi de* **1816***, comme* « *marchands en gros et prendre une licence. Si ce-* « *pendant ils se soumettent à verser sur leur vin,* « *avant de le faire entrer chez eux, une quantité* « *suffisante de vinaigre pour qu'il* cesse d'être pota- « ble, *on ne pourra les considérer comme* recevant « des boissons, *dans le sens de l'article* **98***, et ils ne* « *devront pas payer de licence.*

« *Les vins achetés par un vinaigrier,* disait en- « core l'Administration à une autre époque, *et desti-* « *nés à être convertis en vinaigre, doivent-ils être* « *exempts du droit de circulation ? — Si le vinai-* « *grier est pourvu de licence comme marchand en*

« *gros, il a la faculté de recevoir ses vins en exemp-*
« *tion des droits. Lorsqu'il les convertit en vinai-*
« *gre, et après le mélange dûment constaté, il doit*
« *lui en être accordé décharge à son compte. Enfin*
« *il ne doit pas de droits de circulation lorsqu'il*
« *expédie des vinaigres.* » (Décision n° 353, du 30
avril 1817.)

Ainsi, comme il est aisé de le voir par ces citations,
la Régie a toujours compris, comme nous le faisons
nons-mêmes, les lois de 1816 et de 1817; et c'est sa
propre interprétation que nous voulons faire prévaloir
aujourd'hui.

L'Administration va peut-être encore nous dire : *Deuxième objection.*
« Mais la Cour de cassation a décidé, à deux re-
prises différentes, les 24 novembre 1835 et 17 août
1836, que les esprits sont passibles du droit de consommation alors même qu'on les emploie à la fabrication du vinaigre. Il en doit être de même des vins; et
par conséquent le vin est imposable alors qu'il est converti en vinaigre. »

Voici notre réponse :
1° La loi du 8 décembre 1814, art. 80, avait affranchi des droits :

Et les eaux-de-vie versées dans une certaine proportion sur les vins;

Et les eaux-de-vie et esprits employés dans les manufactures, à charge de dénaturation préalable.

De ces deux dispositions, la première fut seule reproduite dans les lois postérieures du 28 avril 1816 et du 24 juin 1824.

La dernière, au contraire, n'y figura point.

La Régie attribua d'abord ce silence du législateur à une omission ; et elle reconnut, après 1816 comme après 1824, que le dernier paragraphe de l'article 80 de la loi susvisée devait être considéré comme toujours en vigueur.

Puis, changeant tout-à-coup d'avis vers 1833, elle soutint que cet article 80 avait été abrogé implicitement dans sa disposition finale, et que désormais elle percevrait l'impôt sur les esprits employés dans les manufactures comme sur les esprits livrés à la consommation.

La Cour de cassation, saisie de la question, sanctionna les prétentions de la Régie par les deux arrêts cités plus haut.

Le législateur intervint alors pour remédier aux inconvénients de ce que chacun considérait au reste comme une lacune de la législation. Et la Chambre des Députés, après un remarquable rapport de M. Vigier, vota, le 24 juillet 1843, une loi dont le 1er article est ainsi conçu :

« Sont affranchis de tous droits d'entrée, de con-
« sommation ou détail, les eaux-de-vie et esprits dé-
« naturés de manière à ne pouvoir être consommés
« comme boissons. »

Ceci posé, comment la Régie pourrait-elle nous opposer encore les arrêts de 1835 et de 1836 ?

N'est-il pas évident que ces deux décisions ne peuvent être invoquées aujourd'hui, puisque la jurisprudence qu'elles avaient sanctionnée a été condamnée, ou du moins renversée par une loi postérieure ?

Cette jurisprudence de la Cour suprême ne concernait d'ailleurs que les esprits employés dans l'industrie.

La Régie veut en faire l'application, par analogie sans doute, aux vins convertis en vinaigre.

Nous acceptons.

Mais aussi, et par analogie, nous appliquerons à ces mêmes vins destinés à la fabrication du vinaigre, la loi de 1843, bien qu'elle ne concerne, elle aussi, que les eaux-de-vie absorbées dans les manufactures.

Et alors nous dirons à la Régie que les vins destinés au vinaigre sont affranchis des droits par cette loi du 24 juillet 1843.

EN RÉSUMÉ, nos résolutions sont les suivantes :

I. — Non, l'Administration des Contributions indirectes n'a pas le droit d'imposer, par circulaire, aux marchands de vins en gros, qui sont en même temps fabricants de vinaigre de vin, l'obligation de séparer de leurs vinaigreries les magasins dans lesquels ils renferment leurs vins.

II. — Non encore, la Régie ne peut pas imposer aux fabricants une réglementation nouvelle, ayant pour but d'étendre ou de modifier celle qui résulte des lois sur la matière.

III. — Les deux circulaires des 19 juin 1872 et 20 juin 1873 dépassent donc les pouvoirs de l'Administration.

Elles devraient être considérées comme non avenues par les Tribunaux, aux termes de l'article 247 de la loi du 28 avril 1816.

IV. — Le procédé employé actuellement pour la *dénaturation* des vins destinés à être convertis en vinaigre, peut être modifié s'il est reconnu insuffisant ou défectueux.

Mais cette modification ne peut résulter que d'une loi ou d'un arrêté pris sur l'avis du Comité des arts et manufactures (conformément à l'article 5 de la loi du 2 août 1872).

V. — Vainement la Régie menace les fabricants d'exiger les droits de consommation sur les vins qu'ils convertissent en vinaigre.

Cette prétention est inacceptable en fait, puisqu'elle aurait pour effet d'anéantir une industrie qui doit être respectée.

Elle n'est pas, du reste, fondée en droit, car la loi ne soumet à l'impôt sur les boissons que les vins livrés à la *consommation*, et non ceux qui servent à la fabrication du vinaigre.

Délibéré à Orléans, le 30 octobre 1873.

C. DESPLANCHES, avocat.

H. IMBAULT, avoué.